I0840528